Da bebt die Bütt

Da bebt die Bütt

Karnevalsvorträge in Reim und Vers

herausgegeben von
Doris Kunschmann

Im FALKEN Verlag sind eine Reihe von Titeln zum Thema Karneval erschienen. Sie sind überall erhältlich, wo es Bücher gibt.

Sie finden uns im Internet: www.falken.de

Dieses Buch wurde auf chlorfrei gebleichtem und säurefreiem Papier gedruckt.

Der Text dieses Buches entspricht den Regeln der neuen deutschen Rechtschreibung.

ISBN 3 635 60678 2

© 2000 by FALKEN Verlag, 65527 Niedernhausen/Ts.
Die Verwertung der Texte und Illustrationen, auch auszugsweise, ist ohne Zustimmung des Verlags urheberrechtswidrig und strafbar. Dies gilt auch für Vervielfältigungen, Übersetzungen, Mikroverfilmung und für die Verarbeitung mit elektronischen Systemen.

Umschlaggestaltung: Rincón² Design & Produktion GmbH, Köln
Herstellung: Doris Wieke, Wiesbaden; Christina Dinkel
Illustrationen: Assen Münning, Wiesbaden
Redaktion: Doris Wieke, Wiesbaden
Koordination: Regine Gamm
Satz: WIEKEtext, Wiesbaden
Druck: Freiburger Graphische Betriebe GmbH, Freiburg

Inhalt

Vorwort 7

Immer mit Humor voran! 8
  Willi Steinbrech

Otto Normalverbraucher 15
  Horst Jürgen Radelli

Der Lottogewinner 20
  Rolf Braun

Reporter vom Käskurier 24
  Hermann Eckert

Rechtsanwalts Freud und Leid 30
  Jürgen Müller

Ein rasanter Skilehrer 36
  Jürgen Müller

Der werdende Vater 42
  Hans Joachim Greb

Ein gestresster Wachmann 50
  Alexander Leber

Ein fixer Verbraucher 57
  Erhard Grom

Ein Altstadtfriseur 62
  Alexander Leber

Vadders midlife-crisis 68
  Edmund Luft

Ein Mann mit ohne Haar 74
  Hermann Eckert

Närrische Sprüch' 78
  Rüdiger Branitzki

Vorwort

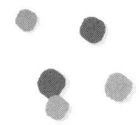

Freuen Sie sich auch schon wieder auf die „närrische Zeit", in der alles – also so gut wie alles – erlaubt ist? Auf die Zeit, in der „König Karneval" regiert und nichts wichtiger ist, als die nächste Sitzung? Die „fünfte Jahreszeit", da wird getrunken, getanzt und gelacht, dass sich die Bäuche biegen und der Kopf dröhnt. Da wird dem Prinzenpaar gehuldigt, die Garde bestaunt, das Funkenmariechen bewundert und die Weiberfasenacht überstanden. – Ja, feiern kann sehr anstrengend sein – besonders in der „Määnzer Fassenacht"! Zwischen der ersten Feier am 11.11. und dem letzten Umtrunk am Aschermittwoch kann einem schon mal die Puste ausgehen. Aber das gestandene Narrenvolk wirft so schnell nichts um! Nach dem Motto: Einer geht noch rein! zieht man von Kneipe zu Kneipe, von Sitzung zu Sitzung. Ach, ja, die Sitzungen! All die Vorstandsmitglieder mit ihre fesche Kapp' und all de Ehr' uff de Brust, die schnuckeligen Tanzmädche und all die Babbeler in der Bütt … Welcher Närrin, welchem Narren sind all die goldige Type aus der Bütt nicht ans Herz gewachsen? Der Wachmann und der Altstadtfriseur, der werdende Vater und der Reporter vom Käskurier … In diesem Band begegnen Ihnen einige dieser Typen wieder. Wenn Sie selbst zu den Auserwählten gehören, die in die Bütt dürfen oder gar müssen, dann finden Sie bestimmt die eine oder andere Anregung. – „Lasse mer'n eroi!"

Immer mit Humor voran!

Die Lage ist, ihr werdets wissen,
heute mehr denn je besonderen
Regeln unterworfen,
doch eigentlich – so sollt' mer denke,
wenns losgeht in de Kniegelenkte,
wenn mer vor fremde Blusjer steht,
guckt und klaglos weitergeht,
wo früher noch mit Angst und bangen
die Knöpfe aus den Nähten sprangen,
wenn mer in der Freundesschar
erzählt, was mer für'n Panther war,
und deine Gattin wohlgeneigt
ein mitleidsvolles Grinsen zeigt,
wenn mer als Yogi im Spagat
ab 10 Uhr morjns uffs Esse waat,
Knoblauch kaut und so en Mist,
wenn mer also Rentner ist,
dann sägt mer sich: Verlass dich druff,
du regst dich über nix mehr uff,
weil mer sich zum Grundsatz macht:
Humor ist, wenn man trotzdem lacht.

Ich hatt mir 's mit mei'm Ruhegeld
im Geiste auch so vorgestellt,
inzwischen sag ich frei heraus:
Die Wirklichkeit sieht onnerst aus.
Mit Wehmut denk ich an die Stunde,
als man in der Kollegenrunde
zwischen Junge, Hübsche, Blonde
als Hahn im Korb noch Mensch sein konnte.

Damals, als mer Jahr für Jahr
stressgeplagt im Büro war,
Tag für Tag, stets voll im Trott,
geworzelt und geschuftet hot
und moi Lottche brav und sachte
die Hausarbeit noch selber machte,
das war für mich, ihr liebe Leit,
wirklich eine schöne Zeit.

Erst jetzt wird ä'm so richtig klar,
was früher so erholsam war:
Mer hat sich damals aus der Nähe
bloß abends drei, vier Stund gesehe.
Und grade durch mein Fastnachts-Sport
musst ich noch meistens abends fort
und sagte, kaum dehäm, ade,
des war recht schee.
Und wenn mer mal vom schweren Tag
uff der Couch im Schlummer lag,
dann klang es zart durchs ganze Haus:
Schlaf nor, Vadder, ruh dich aus.

Wenn ich mich heut bei aller Hetze
bloß ämol in de Sessel setze,
ertönt brutal der Ruf durchs Haus:
Ruhste dich schun widder aus!
Sie steht mit ihre korze Boo
selbst beim Hausputz hinne dro,
und wenn ich mir ganz unbedacht
per Zufall mal die Couch betracht'
und sowieso in ihrer Nähe
nie wage tät, mich druffzulehe,
sofort die Stimme deines Herrn:
Mer müsse heut noch fertig wern.

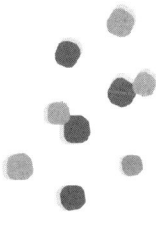

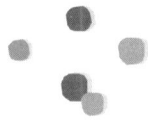

Letzt ging sie fort für kurze Zeit.
Ich nutzte die Gelegenheit
und ließ mich in die Federn falle,
um moi Siesta abzuhalle.
Dann machte ich sehr akkurat
die Falten glatt, die Kissen grad,
zog mit leichtem Lampenfieber
noch schnell die Gummihandschuh über
und empfing mein Weib galant
mit dem Schrubber in der Hand.

Sie kimmt und gibt mehr zu verstehe:
Du hast schun widder flachgelehe.
Wenn du schon, du Hausartist,
beweisen willst, was clever ist,
dann rat ich dir, du Mickymaus,
zieh wenigstens des Nachthemd aus!
Mit Wonne tut sie mir erklärn,
wie emsig onnern Männer wärn
auch in punkto Ehepflicht.
Ich hock dann da als armer Wicht,
rechne nach und denke stumm:
Ist dann das Jahr schon widder rum.

Kommt dieser Notfall in Betracht,
hab ich mir ebbes ausgedacht,
womit ich sie versöhnen kann.
Ich setz mich in die Badewann
und rufe lockend aber knapp:
Schatz wäsch mir mal den Buckel ab.
Im Wasser wirkt ja kolossal
alles größer als normal,
und deshalb sitz ich lauernd do
und denk im Stillen, jesses no,

hoffentlich da kimmt sie bald.
Denn wird die Brieh erst langsam kalt,
und es beginnt das Zipperlein,
kehrt auch im Nu der Alltag ein,
der Illusionen mürbe macht,
doch Humor ist, wenn man trotzdem lacht.

Vermutlich sitzt so mancher hier,
dem es so ähnlich geht wie mir.
Doch lasse mer das Thema falle,
denn schließlich interessiert uns alle,
was die Diätenakrobaten
uns heut beschern an Heldentaten,
wenn sie zu unsrem Wohlergehen
ihre Pirouetten drehen,
sich im Kreise der Kollegen
graziös von Loch zu Loch bewegen
und uns beschwörn, mit den Moneten
zum Löcherstopfen anzutreten,
und allen, die so lieb und teuer
verkünden, dass die Mehrwertsteuer
aus große Löcher kläne macht,
Humor ist, wenn man trotzdem lacht.

Eines muss den Herrn man lassen,
Ideenreichtum gibts in Massen,
wo man so manchen Einfall vielleicht
barmherzig mit dem Turmbau zu Babel vergleicht.
Mit Eifer wird jetzt annulliert,
kultiviert und reformiert,
wie jüngst auch unser Namensrecht!
Wer sich einmal vermählen möcht,
hat freie Auswahl wie beim Lotto.
Des Krumbach-Busenkleins ihrn Otto

heiratet Erna Gallenstein.
Die Erna kriegt ein Töchterlein,
das ehelicht, erwachsen dann,
den Julius Astloch-Schlenkermann,
jedoch durch Scheidung kommt als zweiter
der Schambes Einlauf-Fugenreiter,
und wenn die beiden sich intern
vorm Standesamt nit änig wern,
heißt deren Söhnlein später dann:
Karlche Astloch-Schlenkermann-
Krumbach-Einlauf-Gallenstein-
Fugenreiter-Busenklein.
Von Experten ausgedacht,
Humor ist, wenn man trotzdem lacht.

Die Spielcher tun uns nit so weh
wie der Griff ins Portemonnaie,
wobei mer selbst – das sei betont –
die arme Deiwel nit verschont,
die für die Rente, ihre knappe,
ein Leben lang geschuftet habbe.
Wir haben zwar in ernsten Stunden
schon manche Hürde überwunden,
wo oft, für andre unsichtbar,
beim Lächeln eine Träne war,
doch diesmal stehn mer dummerweise
bis zum Kragen in der
... scheinbar minimalen Verdrossenheit.

Mer zahlt und hofft im Alltagstreiben
wenigstens gesund zu bleiben,
weil Kranksein sich der kleine Mann
finanziell heut nit mehr leiste kann.

Wenn ich demnächst mit Magenweh
in eine Apotheke geh
und mit mei'm Ruhestands-Budget
die reformierte Rechnung seh,
dann geht vermutlich von dem Schreck
der Schmerz im Bauch von selbste weg.

Dafür geht ohne Magenweh
sofort mein Blutdruck in die Höh,
sodass ich mit mei'm Portemonnaie
erneut zur Apotheke geh
und moi Fraa dort stehen seh,
die Troppe brauch und Abführtee,
denn abends auf dem Kanapee,
meistens, wenn ich grad so schee
im „Bums-Kanal" die Wutzjer seh
und dazu live aus nächster Näh
das angetraute Dekolleté
grad wenn ich langsam, mit olé,
kurz vor der Entscheidung steh,
dann staut sich mit Ojemine
bei ihr die Luft im Negligé,
und das gibt, trotz Beruhigungstee,
bei mir dann wieder Magenweh,
sodass wir zwei beim TV gucke
die Troppe und die Pille schlucke,
wofür zwei Rentner, zwei vitale,
pro Fürzje 5 Mark druffbezahle,
damit das Leben Freude macht.
Humor ist, wenn mer trotzdem lacht.

Alles is halt wie es is,
drum macht mer nit zu viel Geschiss

und lasst uns manches heutzutage
geduldig mit Humor ertrage,
wer ihn verliert, ist übel dran.
Er zeigt zwar lächelnd jedermann
wie und was mir werklich sin',
jedoch er zeigt auch immerhin:
Wo es Humor gibt, gibts auch immer
einen neuen Hoffnungsschimmer,
der uns zu Optimisten macht.
Humor ist, wenn man trotzdem lacht.

Otto Normalverbraucher

Ei, ich bin nit ganz kloor,
nein, ich seh nur so aus,
ja ich leb als Verbraucher
in Saus und in Braus,
ich lese Reklame
und lese des Blättche,
ei was kääft sich de Karl,
und was kääft sich des Kättche,
als Wegwerfgeselle geb ich keine Ruh,
ei ich bin mit moim eichene Müllsack per du,
und ich holt' mir diesen Anzug,
un man hat mir beteuert,
allerletzter Schrei, Marke Mitschelin Trentschkort,
aber rundum erneuert,
und so steh ich hier vor euch,
und mein Herz macht heut Luft sich,
in einer Hos' Größe Null
und einer Jack' Größe fuffzich,
und ich sing euch das Lied der Klamottenlegende,
den Saisonhit für alle Verbrauchskonsumente:
(singt)
eins, zwei, drei, vier, fünf, sechs, sieben,
wo ist nur mein Geld geblieben,
guckt mich an, wie steh ich da,
Grabbeltisch von C & A.

Ja, Konjunktur heißt das Motto von früh bis zur Nacht,
un der Eichel hat letztens im Fernseh gesacht,
das Volk brauchte Umsatz, mir sollte viel kaufe,
unsern Defizit tät' in Milliarde ersaufe,

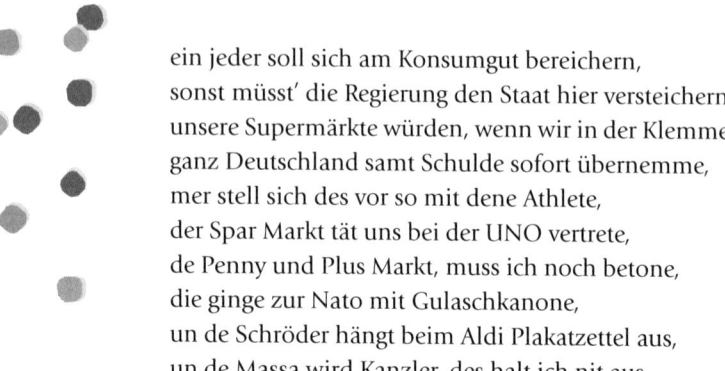

ein jeder soll sich am Konsumgut bereichern,
sonst müsst' die Regierung den Staat hier versteichern,
unsere Supermärkte würden, wenn wir in der Klemme,
ganz Deutschland samt Schulde sofort übernemme,
mer stell sich des vor so mit dene Athlete,
der Spar Markt tät uns bei der UNO vertrete,
de Penny und Plus Markt, muss ich noch betone,
die ginge zur Nato mit Gulaschkanone,
un de Schröder hängt beim Aldi Plakatzettel aus,
un de Massa wird Kanzler, des halt ich nit aus.

Ja, die Politiker wolle mehr Spielraum,
                        sagen so viele,
ich sach, schickt se doch uf de Sportplatz,
                        dort kenne se spiele.
De politische Herrn de mahn uns zur Zeit
                        in jeder Stund,
wer Geld spart, ist feig und bringt's Volk
                        auf de Hund,
im Ausland wär Arbeitskraft immer noch willich,
mir wärn zu sozial, un drum wärn mir nit billich,
dene Politiker rat ich, die Freundschaft zu achte,
die solle den Gaul, den mir reite, nit schlachte,
und tun se nur einmal noch öffentlich maule,
die Arbeiter Deutschlands wärn satt und auch faule,
dann gehörn dene die Stund 10 Mark Lohn,
                        den schlaffe,
un dann derfe se ab in die Fabrik, un dann
                        lerne se schaffe.

Ja, ja, als Verbraucher, da erlebt mer schon Bosse,
was muss mer sich alles gefalle gelosse.
Die Stadt schickt e Rechnung, für Strom, Wasser, Gas,
es fehlt nur die Spalte für Fallobst und Gras,

ei um die zu begreife, muss ich ganz langsam denke,
un des Kleinhirn mim Großhirn dabei noch verrenke,
da steht was vom Zähler, Tarif und Verbrauch,
von Kilowattstund und Kubikmeter auch,
Prozente und Zahle in jeder Rubrik,
erst rechnet mer vorwärts, dann wieder zurück,
dann zählt mer zusamme, Ergebnis addiert,
dann wird mit der Quersumme multipliziert,
bei dem Durcheinander, da sach ich euch glei,
da halt ich mich lieber an die Polizei,
gibt die mir e Knolle, da krieg ich gewiss
e klipp und klar Rechnung und nit so e Geschiss.

Ja, mir horsche auch Werbung, Südwestfunk,
                                Kanal vertel fünf,
da babbelt im Sender doch mojns als so e Pümpf,
moi Fraa will seit Woche noch immer vorm Wäsche,
den Babbeler im Radio telefonisch dann spreche.
Heut hat's geklappt, die riskiert sich e Lipp,
hängt's Telefon aus, hat den Kerl an de Stripp,
un der frägt ganz intim dann moi Fraa, dieser Bittel,
ei, wie war dann die Nacht und wie eng ist 'n ihr Kittel?
Des geht Sie e Dreck o, set moini ganz zackisch,
ich wohne in Meenz und schlafe nur nackisch,
ach, Mainz liegt am Rhein, sagt dann wiederum der,
dann haben Sie sicher viel Fremdenverkehr,
ja, ja, set moi lieb Theres,
warum denn auch nicht,
nur montags und mittwochs,
moin Maonn, der schafft Schicht.

Japanische Autos, die wärn ja so billich,
so e Sushibomber, ihr Leut, ei den will ich,

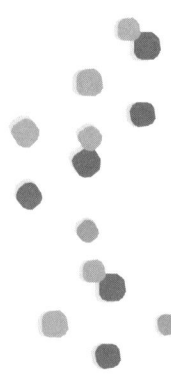

denn Ersatzteile gibt es zwar bis in die Nacht,
doch halt nur in Tokio, in de Kakafuijagass 8.
In dem Autohaus war so ein kleiner Japaner am Flitze,
ei der is ja im Stehe noch kleiner, als wenn er tut sitze.

Un da sacht er immer nur:
Mitzubischi Honda Honda Hop hop hop,
deutsche Autos Konkurrenz, Umsatz stop.
Ich sach, ich jag dich zurück uf de Berch Futschijama,
seitdem du im Land bist, is alles e Drama,
erst kimmste vom Ausland un tust uns beschnuppern,
dann bauste Fabrike un tust uns belubbern,
mein Urlaub und auch moi tarifliche Grippe,
bringst du in Gefahr mir mit all deiner Sippe,
moi Lust auf dein Auto hat hiermit ein Ende,
denn Japan zahlt später mir auch nit moi Rente,
ich pfeif' uf deu Schüssel, jetzt sollst du mal seh,
ich geh bei de Opel und kaaf mir'n VW.

Ja, mir sind ja auch heiztechnisch total schon versiert,
mir kenne die Ausdrück schon ganz wie geschmiert,
hockt zärtlich moi Fraa bei mir uffem Schoß,
lässt sämtliche technische Worte sie los.
Ich bin deu Atomkraft, ach, dusde se pürn,
komm, tu mol moi Raumthermostatche berühm,
ich hab manometergesteuerte Wade,
ich bin wie e hunnerter Speicher gelade,
du hast doch die Heizkraft genau an der Stell,
du weißt, was ich meine, ei komm doch ganz schnell,
da sag ich, zu spät schon, ich fühl' mich geprellt,
moi Brenner ist längst schon auf Nachtstrom gestellt.

Ja, ich bin ein Verbraucher so wie ich
und wie du,

und zu dene Blechbüchsverpackunge
sag ich euch eins nur dezu.
hab ich emol Hunger und kann nit mehr warte,
auf Erdnüss, auf Rollmöps, auf Fisch in Tomate,
reiß' ich mir die Büchs auf, die vorher noch klemmt,
fliegt der Fisch an die Deck und die Soß auf mei Hemd,
doch klappt des nit immer, ich sach 's ohne Bluff,
meist knurrt mir de Mache, die Büchs geht nit uff,
un ich denk an des Lied von dem Sänger mim Splien,
von wechen den Nippel die Lasche durchziehn,
doch kaum zieh ich am Nippel, da komm ich in Trab,
da reißt mir die Lasch doch am annern End ab,
ich probier 's mit de Zäh, die Büchs is schee rund,
un da flieht mir die Backezahnplomp ausem Mund,
un da hilft mir nur eines, zieh ich auch 'ne Brutsche,
ab ab zum McDonald un e Hamburger lutsche.

Ja, laut Eieruhrordnung dreiviertel mit Sand,
hab ich hier moi Wahlspruch genau in der Hand,
ich geh zum Verein hier, hier brauch ich kein Nippel,
hier krieg ich moi Fleischworscht gekringelt
                                        mim Zippel,
e Freikart, e Orden, e Platz in der Bütt,
und so Leut, wie ihr seid, mehr will ich doch nit,
und so grüß ich euch alle mit lautem Gedeenz,
euern Otto Normalverbraucher aus Meenz.
Helau!

Der Lottogewinner

Helau jedem Maonn un jeder Fraa!
„Geld macht nit glücklich" – wer kennt nit des Motto,
jedoch es beruhigt so, drum lebe das Lotto!
Wer suchet, der findet – mir hawwe gefunne –
die richtige Zahle, jetzt hammer gewunne!
Vorbei is die Zeit, wo man auf uns nur schaute,
jetzt zähle mir selbst zu de Haute Volaute.
Jetzt hammer e Butzfraa un hawwe e Villa,
bei uns leiht e Fußmatt, die is aus Chinchilla.
Die Möbel, echt Schippen-Stiel „Lui Kartozze"
aus altindisch Sperrholz mit künstliche Knorze.
Mir hawwe e Diener mit goldene Knöpp,
der Kerl ist aus England un außerdem depp.
Wenn ich nach dem klingel, do kimmt der Philister
eroi in die Stubb un do sägt der als „Mister?"
Dem habb ich gesagt, ei, des könnt' er ruhig wisse –
„des geht Sie e Dreck o, wenn mir emol misse!"

Mein Haus erstrahlt abends wie tausend Gestirne.
An de Deck hängt e Lüstling mit 60er Birne.
Mir hawwe Dapete, deils dunkel, deils hell,
's alles voll Bilder in Aquamarell.
Aus Holland da hängt in me goldene Rahme
ein echter Van Hauten, wer kennt nit den Name.
Mir sin for die Kunst, es steht uff moim Nachtdisch
die Müllnuss vunn Veno für 14 Mark achtzig.
Ein Bild von Picasso des zeigt etwas Nacktes,
mer kann 's nit erkenne, 's sieht aus wie Gehacktes.
Mir hawwe e Deppich, e echte Angina,
Importwar aus Kairo, der Hauptstadt von China.

Doch nur in de Schlafstubb, da klafft eine Lücke,
moi Fraa macht mich narrisch, sie will eine Brücke.
E Brück dorch die Schlafstubb, ei stellt eich des vor,
wo heit so Verkehr is, des Weib is nit klor!

Mir hawwe e Köchin, mir sin jo nit arm,
die macht uns als owends die Sied-Werschtcher warm.
Die Köchin is Klasse, die kocht selbst französisch
un außerdem englisch un indonesisch.
Gulasch mit Himbeern, garniert mit Zitrone
un Handkäs in Woisoß mit Rotkraut un Bohne.
Schinke, gebacke, mit Birn und Käs,
Hering in Reisbrei mit Budding und Klös.
Nur unlängst beim Backe war sie nit im Bild,
do hott 'se die Kreppel mit Schmierseif gefüllt.
Dann hammer Besuch kriehgt, un wie sich 's gebiehrt,
hott dene moi Bawett die Kreppel serviert.
Nachdem dann der Kaffee getrunke war kaum,
sitzt alles so rum un hatt's Maul voller Schaum.
Die Meyern rief laut, eh in Ohnmacht sie fiel:
„Die Kreppel sin prima: Persil bleibt Persil!"

Ihr Leit seid selbst schuld, wenn ihr immer noch laaft.
Mir hawwe als erstes e Auto uns kaaft.
Mit sechzig PS un bezahlt hammer's glei,
mit ultra korz Radio un alles debei.
Moi Bawett hot mondags ihrn Fahrschoi gemacht,
un dienstags am Markt drunne hott 's schun gekracht.
Ich habb noch gerufe: „De Gang kumme losse",
schun bin ich koppvor in e Marktstand geschosse.
Ich land in de Mitte vum griene Salat,
genau zwische Kiste mit frische Spinat.
E Kaste mit Sellerie lieht mer im Ricke,
vun owwe her zwäähundert Knoblauch mich dricke.

Un wie ich do leih ganz allää im Gemies,
do kimmt von dem Stand dort die dormelig Lies,
die sticht mer in's Hern, un donn rieft se noch fleißig:
„Saftige Birne, es Pund e Mark dreißig!"

Im Garte do hatte mir unlängst e Feier.
E „Party" mit Bockbier un russische Eier.
Un dort is e Weiher, ich will hier nit protzen,
un rund um des Wasser do hammer gesotzen.
Es war so gemietlich, ich wääß noch genau,
es Wasser, die Gäst un de Himmel warn blau.
Die Musik spielt Rumba, do is nit gelohe,
de Opa beim Danze ins Bassin geflohe.
Als erstes hott der dort e Goldfisch verschluckt,
dann kimmt er nach owwe, hott Wasser gespuckt,
un rieft, wie er auftaucht, obwohl er ganz nass ist:
„Es lebe die Seefahrt, ich bin de Onassis."
Do hippt doch die Müllern vum Disch vis-à-vis
Kopp vor zu dem Alte e oi in die Brieh.
Bevor se dort absäuft, do rieft doch des Dier:
„Un ich bin die Callas, de Opa is mir!"

In Määnz im Theater, was jeder jo kennt,
hawwe mir jetzt seit neustens ein Abonnement.
Die vorderste Reihe im erste Paket,
damit mer was sieht un aach alles versteht.
In klassischen Opern, do kenn ich mich aus,
vun Rubens bis Goehte, vun Schmeling bis Strauß.
Sinn mir im Theater, do is ebbes los,
denn unser Familie, die is ziemlich groß.
Moin Älteste rieft neilich beim „Tell" owwerunner:
„Du, loss den Bub geh, sunst kumm ich der nunner."
Beim „Freischütz" is neilich, ich wollt se noch halle,
die Dutt mit de Weck in 's Orchester gefalle.

Un denn im „Lohngrün", wie der mit soim Schwan
kimmt aus de Kulisse dort singend gefahrn,
do kreischt im Theater ganz laut unser Fränzje:
„Helau, de Ernst Neger mit 'm heilerne Gänsje!"

Mir warn jetzt uff Urlaub fernab von dem Rheine
emol in Paris in der Stadt an der Seine.
Doch dort, schun am Bahnhof, do kam ich in Rasch,
's schnappt ääner moin Koffer un rieft als „Bagaasch".
„Ei", määnt do moi Bawett, „es is doch e Schand,
ä Stund erst in Frankreich, schun simmer bekannt!"
Do sägt doch der Kumpeer noch: „Vive la France",
„nä", sag ich do, „danke, Mayence is Mayence."
Ich pfeiff uff den Trubel, ich pfeiff uff die Welt,
ich bleib in de Heimat, ich nemme moi Geld
un bau jetzt e Stadthall, ich will mich nit brüste,
do kimmt in de Vorraum vun mir eine Büste
aus Gips un aus Marmor, mit Blumme sogar,
davor stehn die Leit noch in gut hundert Jahr.
Un deite dann uf mich un san zu de Kinner:
„Des warer, e Määnzer, e Lottogewinner!"

Reporter vom Käskurier

Ich komm persönlich, bitte sehr,
bin Pressechef und Redakteur,
bin Journalist und auch Verleger,
Haupt-, ehrenamtlich Zeitungsträger,
ich bin das Käsblatt in Person,
und von Verlag und Redaktion
grüß ich euch all im Saale hier:
De Handkäskarl vom Käskurier.

Der Name „Käsblatt" ist bedingt,
weil vieles, was mein Blättche bringt,
von vornereu' zum Himmel stinkt.
Hat nichts zu tu' mit Romadour,
tendiert nach Kunst und auch Kultur.
Nicht jeder Käs' hat auch Niveau,
beim Schmierkäs ist das ebenso.
Wollt ihr was wissen über Käse,
dann kauft meu Blättche un tuts lese.

Ich schreibe über Lob und Tadel,
über Zores, Leit und Adel,
zum Empfang von hohen Gästen,
Bieranstrich und Bratwurstfesten,
wo nur eine Blechbüchs rappelt,
oder auch ein Quatschkopp babbelt,
über Schwarze, Liberale,
Rote und auch rote Zahle,
klär euch auf und informier,
Handkäskarl vom Käskurier!

Bei mir, do geht's die ganz Woch' rund,
mein Tag hat 25 Stund,
weil ich kä Paus und Mittag mach,
nachts wenn ich schlafe, bin ich wach,
und hör ich nur „ta tü, ta ta!"
Dann renn ich los, da bin ich da,
dass ich die Schlappe bald verlier:
Handkäskarl vom Käskurier.

Die Eile, Zeitdruck, Hektik, Stress –
war heut beim Trinker-Schluck-Kongress.
Da war was los, ich war ganz platt,
da fand 'ne Vortragsreihe statt.
Ein Vortrag von Professor Voll,
der war so belzisch, es war toll.
Professor Duddelkopp aus Schlüchtern
sprach übers Thema „Was ist nüchtern?"

Ein Zustand völlig abnormal,
und für 'nen Trinker ein Skandal.
Bei Früherkennung soll mer ewe
sich in die nächste Kneip' begebe
und dort mit ganz gepflegte Sache
umgehend einen Einkauf mache.
Auch ich schließ mich als Pressemann
der Meinung des Professors an.
Und alles, was noch sunst gewese,
ist moije in meum Blatt zu lese.

Um erst e' mal beim Käs zu bleibe,
ein Spundekäs gibts nie nit in Scheibe.
Wer das behauptet, babbelt Kappes,
denn Spundekäs ist weißer Brabbes.

Man kann ihn ohne Zähne kaue,
er ist bekömmlich zu verdaue.
Mit Knobeloch und Sellerie,
vorzüglich mit Fromage de Brie,
im Gegensatz zum Camembeer,
der läuft gern fort und kimmt nicht mehr.
Wollt ihr was wisse über Käse,
dann kauft meu Blättche un tuts lese.

Lesen führt zur Wissenschaft,
bildet und gibt Geisteskraft,
ja, so sagt' schon der Poet,
und der war bestimmt nit bleed.
Drum befolget diese These,
kaaft meu Käsblatt un tuts lese.

Mein Blatt ist von besondrer Art,
ist praktisch Käs mit Geist gepaart.
Das ist der allerletzte Hit,
do komm ich manchmal selbst nit mit.
Was die nächst' Woch erst passiert,
des hab ich mir schon längst notiert.
Und des liegt moije druckerfrisch
beizeit auf eurem Frühstückstisch.
Und mittags kann mer 's schon benutze,
um irgendwo was abzuputze.
Seht ihr, so geht des bei mir:
Handkäskarl vom Käskurier.

Ich möcht nit strunze, liegt mir fern,
doch was de Spiegel, Quick und Stern,
die Allgemeine und de Gong,
des bringt meu Käsblättche schon long.

Wenn die e Sensation berichte,
und des als Neuigkeit belichte,
dann habe die, nicht übertribbe,
bei mir des alles abgeschribbe.
Im ganzen Blätterteig wie dumm,
da schwimmen meine Ente rum.

Ja, soll die Presse informiern
und e Zeitung intressiern.
Brauch mer Leit in alle Ecke,
die ihr Nos' in alles stecke,
in Wirtschaft, Politik und Sport,
also Leit von meiner Sort.

Ja, ich rieche wo was los,
hab 'ne Sensationennos',
peile mit me scharfe Blick,
lästig wie e Aabemück.
Wie ein Habicht auf die Beute,
stürz ich mich auf Land und Leute,
klotze hie, wo es sich lohnt.
Keiner wird von mir verschont,
alles hab ich im Visier:
Handkäskarl vom Käskurier.

Wir küren demnächst, das haut hin,
die erste Handkäs-Königin.
Sie wird das Titelblatt uns ziern,
ihr Mädchen, tut euch engagieren.
Das gibt die Creme de la Crem'
mit Musik und mit Diadem,
fährt sie per Kutsche in de Chaise,
und alles jubelt: Hoch, „Miss Käs",

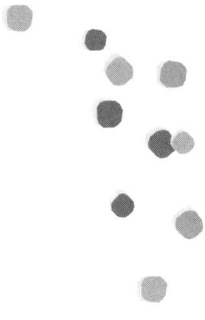

un' wer hockt widder neben ihr:
de Handkäskarl vom Käskurier.

Ein Glück ist 's, dass in Liebespein
die Menschen nicht wie Hirsche schrein.
Bin außerdem noch, dass ihr 's wisst,
Heiratsannonce-Spezialist.
„Willst du nicht alleine bleiben,
musst du dich ins Käsblatt schreiben."
„Ein Inserat mit gutem Klang,
bringt dir das Glück ein Leben lang."
„Alter Kater schnurrt nach Kätzchen,
85, hat gern Schätzchen."
„Sehr vermögend, hohe Rente,
treuer Erpel sucht 'ne Ente."
Diskretion ich garantier':
Handkäskarl vom Käskurier.

Kaum zu glauben, aber wahr,
die Lisbeth ist heit 70 Jahr!
Es gratuliert, die Kinderschar,
der M.C.V., der K.C.K.,
die Ranze-Gard mit alle Mann,
sie schließen sich dem Jubel an,
der M.C.C. kommt ebenfalls,
hängt ihr e' Fleischworscht um de Hals,
und die, wo sonst noch dagewese,
des könnt ihr in meim Blättche lese.

Wer heutzutag e' Zeitung macht
und schreibt nicht von de Fassenacht,
vergisst jo glatt Priorität,
der ist als Pressemann zu bleed.

Drum schreibe ich mit Spaß und Freid,
von euch und dieser Sitzung heit,
ich bring euch meue groß heraus,
und geb euch schriftlich mein Applaus,
was habt ihr euch so schee gemacht,
für unser goldig Fassenacht.

Macht's gut, es grüßt euch alle hier
de Handkäskarl vom Käskurier!

Rechtsanwalts Freud und Leid

Ich bin gefürchtet weit und breit
als Anwalt der Gerechtigkeit.
Wenn ich erschein vor deutschen Richtern,
dann krien die Staatsanwält' die Gichtern!
Ich bin ein Meister der Verdrehung,
mach ein Orkan aus jeder Blähung,
hab stets den Wahlspruch nur im Sinn:
Das Recht ist gut, wenn ich gewinn!
Mei Plädoyers und mei Zitate,
die wirke oft wie Handgranate.
Und geht das Publikum gut mit,
dann pack ich aus wie in de Bütt.

Erst kürzlich hat von höchster Stufe
ein Schöffe laut „helau" gerufe,
der Richter kreischt „hurra die Gail",
der Mann kommt in de zweite Teil.
Verzeih, Justizia, glaub mir eins:
Recht bleibt Recht und Mainz bleibt Mainz!

Ein Advokat, ich habs begriffe,
muss rede könne wie geschliffe,
muss achte, wenn er rezitiert,
dass er jed Wort so formuliert,
dass er 's im Ernstfall dann und wann
auch annerstrum verwende kann.
Moral muss er, ich kann 's gestehe,
als sehr flexible Masse sehe.
Denn eins steht fest, der Satz is echt:
Wer zu uns kommt, fühlt sich im Recht.

Man muss halt nur noch etwas schürn,
dann krien se Lust zum Prozessiern.
Wenn dann die Frucht am Schreibtisch reift,
obwohl man selber längst begreift,
dass der Prozess, so wie er steht,
gewaltig in die Hose geht,
wird 's höchste Zeit für die Gebührn,
e schöne Vorschuss zu kassiern.
Denn hockt mein Schützling erst im Kittsche,
dann gibts für mich HV im Düttsche!

Sehr lukrativ und aktuell
sind nach wie vor Verkehrsunfäll.
Ein Fräulein kam in mein Kanzlei,
den Arm in Gips un tut e Schrei:
Herr Rechtsanwalt, mir platzt de Krage,
ich hatt 'nen Unfall un will klage.
Es war ein wunderschöner Tag,
mir warn im Glück, do tuts ein Schlag,
und Schuld war er, hat sie geheult,
mein Chassis ist seitdem verbeult,
mein Arm kaputt, ich bin geknickt,
jetzt ist der Kerl noch abgerückt!
Der Typ, sag ich, wird eingebucht',
Verkehrsunfall mit Fahrerflucht.
Da faucht die wie e brennend Fackel:
Herr Rechtsanwalt, Sie sind e Dackel,
kei Fahrerflucht, der Fall liegt schlimmer,
der Unfall war bei mir im Zimmer.
Es knallte nicht im Sport-Coupé,
es rumste auf dem Canapé!

Tut irgendwo ein Opa sterbe,
erscheint die Meute, um zu erbe.

Wenn sich der Pfarrer nicht beeilt,
wird meistens schon am Grab geteilt.
Zum Glück für uns, das muss ich sage,
tun Erbe Erbe dann verklage,
mit Hass und Neid, sodass am End
kein Onkel mehr sei Tante kennt.
Ein Advokat, der was versteht,
führt den Prozess solang wies geht,
bis dass ein Erbe, der bald erbt,
vor 'm Antritt seiner Erbschaft sterbt,
weil der Beerbte, der entflieht,
fünf neue Erbe nach sich zieht.
Und die tun wieder prozessiern,
doch kann ich heut schon garantiern:
Wenn einst der letzte aus der Sippe
von mir die Rechnung krieht geschribbe,
krieg ich das Geld, das der geerbt,
weil der e Schlag krieht und dann sterbt.

Ein Penner hatt' ich letzt gehabt,
den hat die Polizei geschnappt,
weil er im Lade um die Eck
drei Schinke und ein Kilo Speck,
ein Kistchen Wermut samt Rabatt
versehentlich „geliehe" hatt'.
Ich war als Pflichtanwalt bestellt,
mit Sympathie für wenig Geld
hab ich plädiert und war am Bitte,
hab die Sozialtour durchgeritte,
mit dem Erfolg für die Ernährung
gab's nur zwei Woche mit Bewährung!
Als wir aus dem Gericht marschiern,
war mein Ganov' am Lamentiern:

Der Richter hat mich schwer beschisse,
drei Monat hätt' der gebe müsse,
wie konnte Sie das nur verhindern,
ich wollt' im Kittsche überwintern.
Herr Rechtsanwalt, ich kann 's nit fasse,
Sie sind ein Stümper erster Klasse.

Mein neuster Service, lieber Alter,
ist hausgemacht für Schwarzgeldhalter.
Wir garantiern Substanzvermehrung
für gute deutsche schwarze Währung.
Der Schweizer Franke ist noch ehrlich,
doch ist der Weg direkt gefährlich.
Drum habbe mir, das ist korrekt,
e neue Schleichweg ausgeheckt:

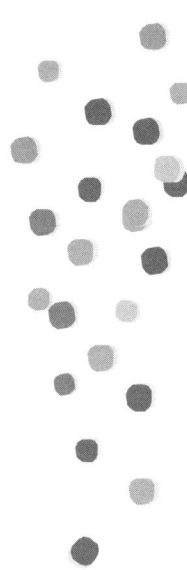

Ich kauf Mercedes für Tunesien,
tausch dort Brillante aus Rhodesien,
für die krieg ich in de Ostblockstaate
gebrauchte Panzer und Granate,
die kauft Ägypten, das ist klar,
mit Dollars aus den USA!
Die wandern dann im Flugzeugtank
auf eine Schweizer Handelsbank,
die Bank gehört seit drei, vier Jahr
der weltberühmten HELABA.
Im Ernstfall ist durch des Bagage
Ihr Schwarzgeld garantiert im ... Ausland!

Beim Amtsgericht kams letzt zur Fehde,
ich hab e Fotograf vertrete.
Der Richter setzt' sei Käppsche quer
und nimmt mein Knipser ins Verhör.

Herr Fotograf, wie kam's zum Streit
da hat er uff e Weib gedeit,
der Drache hat mir dieser Tage
e Regenschirm ins Genick geschlage.
Ich hab sie nur gefragt, dezent,
ob ich ein Brustbild schieße könnt.
Da ruft von links die Maid, die brave,
ich kenn euch Kerl von Fotografe.
Zuerst e Brustbild durch e Trick,
dann steh ich nackisch in de Quick!
Da kommt mein Knipser schwer in Fahrt,
von wege Quick, hat er gesat,
Sie haben Schweinsohrn ohne Frage
und Schenkel wie e Schwartemage,
e Presskopp un e Ochsenmaul,
e Hintern wie e Ackergaul;
ein solches Monstrum ohne Kleidung
passt höchstens in die Metzgerzeitung.

Wer fünf Stund säuft und dann am Schluss
noch Auto fährt und blase muss
und dann sein Führerschein verliert,
kommt meistens gleich zu mir marschiert.
Bei mir steht soviel uff de Latt,
ich krieg beim Richter Strafrabatt.
Mei ganze Alkoholkliente
wern mild bestraft, wenn sie was spende –
fürs Rote Kreuz und Johanniter,
für Caritas und Samariter,
bläst mancher Sünder an der Ecke
ins Röhrche für soziale Zwecke.
Vom Überschuss baut jetzt am Wald
die Stadt e Trinkerheilanstalt.

Am Rohbau hängt ein Schild mit Bänder:
Der Magistrat dankt jedem Spender,
vor allem, und das ist der Knüller,
dem Bläserchor vom Anwalt Müller.
Sauft weiter so mit Gottvertraue,
dann kann mer bald e Schwimmbad baue.

Ich wär, schrieb kürzlich ein Chronist,
der beste Scheidungs-Spezialist.
Seit diesem Tag herrscht Konjunktur,
die Büros voll, de Gang, de Flur,
mir scheide mehr, mein lieber Mann,
als unser Pfarrer traue kann.
Die Scheidungsgründe sind verrückt,
die o wird nit genug gedrückt,
die anner hat zu viel davon,
und gestern sagt ja so e Sonn:
Herr Anwalt, ich hab ein Problem,
mei Alter wird ja so bequem,
tut neuerdings, des sin sei Mucke,
beim Liebesspiel de Kojak gucke.
Der Zustand, der ist unerträglich,
de Kojak kommt nur vierzehntäglich.
Ich brauch e Kerl, hat die geschluckt,
der jeden Tag die Drehscheib' guckt.

Ich bin am End', das Spiel ist aus,
ich zieh den Anwaltskittel aus.
Doch bleib ich stets, das sei gesacht,
ein Anwalt unsrer Fassenacht.

Ein rasanter Skilehrer

Schi-Heil!
Isch bin der Stolz vom Schieverband,
der blaue Blitz vom Alpenrand.
Isch grüß als Bub vom Zillertal
moi Schüler im Bezirksspital.
Mein Jack' iss blau, mein Zustand aach:
Ei trinke Sie mal Tach für Tach
zwölf Obstler und zwölf Bier in Flasche;
do kann dich nix mehr überrasche.
Nur so passiert es hin und wieder,
dass mir mit unsre Enzian-Glieder
so manchen Vogel, samt de Falte
im Suff für 'n flotte Schihas halte.
Un morgens früh mit große Schrecke
den Schaden dann im Nest entdecke!

Schi heil, gut Schluck, so tuts erklinge,
wenn wir dann übber Hubbel schwinge.
Mir Lehrer fahrn dann vor der Meute
uff Bretter, die die Welt bedeute,
uff Piste breit wie Autobahne,
mit dicke Köpp und schwere Fahne.
Uff leichte Piste, glaubt des mir,
do gibt es nur die Kursgebühr.
Bei schwere Strecke hammer Glück,
denn erstens zahlt die Gipsfabrik
un zweitens, wenn die Bretter breche,
do muss der Schihersteller bleche.
Un liegt ein Typ mal in de Eck,
krien mir von Leukoplast e Scheck.

Schickt dann der Doktor noch Prozente,
dann ist das schon die halbe Rente.

Isch sorg für Schilling immfort
un moi Verwandtschaft hier am Ort.
Moin Cusin hot ein Leihschi-Stand,
soi Fraa verkääft Marillebrand.
Moi Tante hot e Hütt am Hang,
do fahr isch mit moim Kurs entlang.
Un unsern Opa, was e Spaß,
spritzt abends alle Trottwars nass,
weil unser Oma, die gern quandelt,
seit zwanzig Jahr mit Viehsalz handelt.
Des Sportgeschäft gehört ihrm Sohn,
mein Schwager macht am Lift de Clown
un fährt mit Schlitte prompt und schnell
die Leit ins neue Schibordell.
Dort iss die Stimmung dann in Butter,
denn dess betreibt soi Schwiegermutter.

Der Fremdverkehr bei uns im Ort,
der setzt sich jährlich stärker fort,
weil keiner mehr, wie sich 's gehört
in Urlaub mit seim Partner fährt.
Für uns als Schitourist-Betreuer
iss die Belastung ungeheuer,
weil jeder Schihas, dess is klar
aus Deutschland, England, USA,
wenns dunkel werd, ihr Leit dess stresst,
beim Après-Schi die Wuz rauslässt.
Die liebe uns und die Natur,
sinn munter wie die Pompadour,
die fahrn am liebste im Duett
Matratze-Slalom um die Wett.

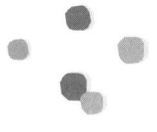

Un mir naturgestählte Recke,
mir müsse dann den Satz entdecke:
Naturborsch hi, Naturborsch her,
wenns nit mehr geht, dann gehts nit mehr.

In unserm Nest mit Prominenz
war letzt e Gipfelkonferenz.
Mit Gerhard Schröder, Jacques Chirac
im Overall un nit im Frack,
weil des halt gut zur Landschaft passt.
Frau Thatcher kam als Ehrengast.
Nach drei Tag Hickhack her un hi
stand dann die Prominenz auf Schi.
Dess war e Bild zum Händeringe,
de Jacques Chirac fängt an zu schwinge.
Er fährt dabei, von Fusel satt,
den Bundeskanzler Schröder platt.
Der rutscht per Hintern übern Gletscher,
do kommt von rechts die Maggi Thatcher.
Die ruft noch: Hei, winkt mit em Stecke,
rammt Schröder erst un dann die Hecke.
Und Bild am Sonntag schreibt für alle
englische Pfunde in Östreich gefalle!

Tiefschnee-Fahrn is große Mode,
doch gibts jo immer so Idiote,
die viel riskiern un wenig könne,
un wenn die dann beim Fahrn noch penne,
geht manchmal mit vereiste Ohrn
im Tiefschnee so e Typ verlorn.
Grad neulich hammer, obbe, unne,
e Borsch gesucht un nit gefunne.
Nach knapp zwaa Stund im Schneesturm-Treiben,
do ruft e Schweizer: Lasst es bleiben.

Der kommt gewiss gesund und munter
mit der Fünf-Uhr-Lawin herunter.
Wenn nicht, im Falle eines Falles,
im nächsten Frühjahr find sich alles!

Isch selbst war letzt im Schnee verschwunde
genau zwölf Stund un acht Sekunde.
E Schneeloch hat mich grad geschluckt,
nur noch mein Kopp hat rausgeguckt.
Verzweifelt in meim Missgeschick
naht plötzlich Rettung, was e Glück.
E Dackel war's, aus Rheinland-Pfalz,
der hat e Obstler-Fass am Hals.
Der Köter hatt mich gleich entdeckt,
hat mich vor Freude abgeleckt,
lässt hinne flott soi Schwänzje winke
un vorne mich am Fässje trinke.
Dann hat der Hund es Bo gewinkelt
un hat mir ins Gesicht getrete …

Im Kurs warn kürzlich drei Japaner,
zwaa Amis un e Afrikaner,
e Schwob, e Bayer und, sehr flott,
Klaus-Detlef aus dem Kohlepott.
Mit rosarotem Thermo-Hösje,
im Täschje war sei Puderdösje,
dazu en Muff un blonde Locke;
un wie mir so beim Obstler hocke,
do haucht der nach em sechste Bier:
„Isch glaub, isch bin Amanda Lear."
Do ruft de Wert mit wache Ohrn:
„Mei Spülmaschin iss eingefrorn.
Wenns dir zu warm werd, setz dich drauf.
Vielleicht taut das Maschinchen auf."

Auch die Gemeinde rafft gern Geld,
drum hat se Schilder aufgestellt
mit Parkverbot an alle Ecke.
Wer trotzdem hält, der wird entdecke,
im Sommermelke mir die Rinder,
im Winter alle Parkplatzsünder.
Wer einmal sündigt, wird geneppt,
beim zweite Mal wird abgeschleppt.
Wer dreimal unser Schild verspottet,
kriegt kostenlos die Kist verschrottet.
Un jeder Schrott an dieser Stell'
eröffnet uns e „Schilling-Quell".
Denn Opel, Audi, BMW,
Mercedes, Ford und auch VW
bezahle prompt seit Jahren schon
an die Gemeinde Provision.
So bringt jed' Auto, das es trifft,
ein Sessel für de neie Lift!

Aach unser Kersch, die will was habbe,
drum muss auch hier der Gast berappe.
Zum Wohle für die Kerschekass'
stehn neuerdings in unsrer Gass'
zwei Einbahnschilder, ohne Bluff:
Eins zeigt nunner, dess annern nuff.
Wer reinfährt, kann nit mehr zurück,
weil in de Mitt' mit frommem Blick
de Pfarrer, als Gendarm maskiert,
de Leit es Bußgeld abkassiert.
Die Hälft davon steckt er ad hoc
tagtäglich in den Opferstock.
So stimmt er seinen Herrgott milder
vom Rest, da kauft er Einbahnschilder!

Das war für heute mein Rapport.
Ich schnall die Schi ab, mach mich fort.
Doch vorher hab ich noch die Bitte:
Geht ihr mal Schi fahrn oder Schlitte,
dann kommt zu mir, denkt an mei Kunst,
bevor ihr euern Stil verhunzt.
Bis dahin grüßt euch tausendmal
der blaue Blitz vom Zillertal.

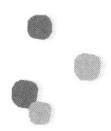

Der werdende Vater

„Vater werden ist nicht schwer,
Vater sein dagegen sehr."
So sagt es ein Sprichwort heute,
doch ich sag euch, liebe Leute,
dass des Sprichwort gar nit stimmt,
wenn mer mal dehinner kimmt.

Ich wollte lang schon Vater wer'n
und auch mein Settche wollte gern,
doch da fing das Problem schon an –
wenn mer nur will und gar nit kann.
Denn mei Frau, die is nit frisch,
die hat doch gar kei Zeit für mich:
Turne geht se montags, mittwochs,
dienstags geht se in de Kochkurs,
donnerstags und freitags kegeln,
samstags, sonntags Bootche segeln.
Jetzt frage ich euch, liebe Leit,
wo bleibt für mein Vergnüge Zeit?
Und trotzdem heißt es, bitte sehr,
Vater werden ist nicht schwer.

Doch eines Tages, in der Nacht,
hab ich zu meiner Frau gesacht:
„Settche, auf, nit lang gefackelt!"
Zack, und prompt hat's auch geschnackelt.
Ich wusste gleich, es hat geklappt,
drum hab ich mir fünf Bier gezappt,
dann trank ich Wein und Sekt von Mumm,
Champagner, Whisky, Cognac, Rum,

Obstler, Korn und Jägermeister,
14 Flasche Kellergeister,
Aquavit und Äppelwoi,
Krimsekt, Schnaps und Löwenbräu,
Asbach mit Orangensaft –
so begann mei Vaterschaft.

Ich tu auch, un da hilft kein Fluche,
einen Wickelkurs besuche.
In diesem Kurs, da übe mir
mit Pamperswindeln aus Papier,
in einer kleinen Kinderstubb,
an einer lebensgroßen Bupp,
wie mer richtig wickeln dut.
Ich kann des ganz besonders gut!
Baby lege, Beine breit,
Mund zuhalte, wenn es schreit,
dadebei dann, mit viel Liebe,
Pampers unnern Boppes schiebe,
vorher wasche, trockne, föne
und auch pudern, öle, creme;
dadenach macht mer mit Ruh
den Pampersschnellverschluss gut zu;
guckt, ob die auch richtig sitzt,
und ist dann völlig nassgeschwitzt,
hat einen durchgedrehte Kopp,
nur vom Übe an de Bopp.
Is fix und fertig, kann nit mehr!
Vater werden, des is schwer.

Jetzt bin ich grade auch debei,
mach unser Haus von Keime frei,
damit, was leider oft passiert,
sich unser Kind nit infiziert.

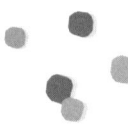

Ich wasche in der Badewann
alles ab mit Sakrotan –
Tische, Stühle, Hocker, Bänke,
Teppichboden, Kleiderschränke,
die Tapete an de Wände,
wasch ich ab mit eigne Hände,
sodass die Zimmer für das Kind
ajaxrein hygienisch sind.
Ich lauf sogar, des is nit dumm,
mit Kopptuch und mit Mundschutz rum,
dass keine Keime von mir schieße,
du ich deheim auch nit mehr niese.
Mei Nas du ich, dem Kind zum Schutze,
nur noch drauß im Garten putze.
Ich lass sogar kein Bumbes mehr!
Vater werden, des is schwer.

Ich hab als Vater, des is klar,
dieselbe Schmerze wie mei Fraa.
Seit Wochen hab ich nämlich auch
ein leichtes Ziehen in meim Bauch,
bin ständig müd, brauch öfters Ruh,
mir falle als die Auge zu;
hab laufend Koppweh in meim Kopf,
ich fühl mich schlapp, ich armer Tropf,
und jeden Morgen ist mir schlecht,
mir schmeckt mein Bier nit mehr so recht.
Tagtäglich, Leut, des gibts nit mehr,
ess ich zwei Gurkegläser leer.
Nur meine Frau, die merkt fast nix,
die isst Ravioli aus de Bix,
isst Hering, Schnitzel, Kopfsalat,
auch Truthahnleber mit Spinat,

Blutworscht mit und ohne Griebe,
rote Beete, gelbe Riebe,
Leberkäs mit Spiegelei,
Rippche und Kartoffelbrei,
Joghurt, Quark un Appeltasche,
Schokolade dut se nasche,
außerdem, da leefste fort,
täglich drei, vier Stücker Tort',
trinkt Wein und Sekt, des is de Hit,
und fühlt sich trotzdem runderum fit.
Nur regt se sich, des is kein Bluff,
weil se zunimmt, furchtbar uff,
und sacht, dass ich da schuld dran wär –
Vater werden, des is schwer.

Natürlich muss ich, des is klar,
Rücksicht nehme uff mei Fraa.
Beispielsweise trag ich ihr
de Abfalleimer vor die Tür,
putz die Schuh und trockne ab,
was ich selbst gespült schon hab.
Ich achte drauf, des is kein Stuss,
dass sie nix Schweres hebe muss,
und desterwege, des is kloor,
les ich ihr aus de Zeitung vor.
Ich tu se kämme, föne, bade,
massier ihr täglich beide Wade,
ich reib se ein, am Abend meist,
mit Klosterfraumelissengeist.
Weil 's für sie selbst zu mühsam is,
putz ich ihr abends das Gebiss.
Ich staube ab und putz die Trepp'
und schaff' mich krumm wie'n Kordeldepp.

Ich du meim Settche, sozusagen,
alles vor de Hinnern trage.
Auch daran seht ihr, bitte sehr –
Vater werden, des is schwer.

Ich geh jetzt auch, des macht mich fit,
zur Schwangerschaftsgymnastik mit.
Dort liege ich, ganz im Vertraue,
zwischen 15 schwangre Fraue
auf em Rücke, recht bequem,
und finde des ganz angenehm.
Doch wenn die Übunge dann beginne,
manchmal denk ich dann, ich spinne:
Beine hoch, Händ unnern Po,
Fahrrad fahrn, des geht noch so,
dann die Beine strecke, beuge,
langsam kommt mer schon ins Keuche,
schließlich muss mer Seilche hippe,
mit em Oberkörper wippe;
dann heißt es in Doppelreih:
Hacke, Spitze, eins zwei drei,
immer wieder beuge, strecke,
bis du denkst, du dust verrecke;
dann muss mer noch, nit zum Lache,
zwanzig Liegestütze mache.
Dadenach is mer geschlaucht,
hat tausend Kalorien verbraucht,
is fertig wie ein Butzebär –
Vater werden, des is schwer.

Ich test jetzt auch schon, ohne Mist,
was mein Baby später isst.
Beispelsweise frühstück ich,
morgens früh am Frühstückstisch,

anstatt einem weichen Ei
Milupa Kinder-Fertig-Brei.
Mittags ess ich, nach em Bete,
drei, vier Gläsjer von Alete:
Huhn auf Reis, Spinat mit Soß',
Gulasch mit zerquetschtem Kloß,
und als Nachtisch, Extra-Tipp:
Äppelbrei der Firma Hipp;
dazu trink ich, ach wie schee,
Dr. Oetkers Baby-Tee
und jede Menge, des gibt Kraft,
von Dr. Kochs Karottensaft.
Abends esse ich, oh wei,
einen Teller Instant-Brei,
zerdrücke mir noch 'ne Banan'
und trinke dazu Lebertran.
Dann mach ich noch, wär ja gelacht,
mein Bäuerchen, sag „Gute Nacht"
und hab dann Hunger wie ein Bär –
Vater werden, des is schwer.

E Name finde, ohne Strunz,
is ziemlich schwer, nit nur für uns.
Denn neue Name, die sind „in":
wie Boris, Timo, Benjamin,
Sascha, Thorsten, Florian,
André, Sven, Sebastian,
Jennifer und Natalie,
Tanja, Julia, Melanie,
Sandra, Nina, Jessica,
Carmen und Olivia.
Früher nannte man sein Kind:
Zenzi, Gustel, Rosalind,

Emma, Hedwig, Erika,
Hulda, Gertrud, Ursula,
Kunigunde, Josefin',
Adalbert und Balduin,
Otto, Egon, Ferdinand,
Gottfried, August, Hildebrand.
Auch mir schwebt vor, in meinem Geist,
dass unser Mädche Lisbeth heißt,
und ein Bübche, dachte ich,
nenne mer Kurt-Friederich.
Doch sacht mei Fraa, die alte Henne,
da kannst es auch gleich Hoppes nenne.

Ich tu sogar, in meinem Wahn,
Kinderwage probefahrn.
Dazu leg ich, ihr seid jetzt baff,
einen großen Spielzeugaff
in de Waage und schieb los
durch die Haupt- un Grabestroß.
Und gestern traf ich arme Sau
eine Freundin meiner Frau,
die sogleich, obwohl mir graute,
in den Kinderwagen schaute.
Guckte rein, und rief dann aus:
„Des Kind sieht wie sein Vater aus."

So, ihr seid bestimmt nit bös,
ich werd aber schon nervös,
deshalb haue ich jetzt ab,
sonst wird mir die Zeit zu knapp.
Die Geburt, da gibts kei Frage,
steht bevor, ich spür's im Mage.
hab ein Kribbeln schon im Bauch,
bestimmt hat des mei Settche auch.

Drum guck ich jetzt, wie's ihm so geht,
ich hoffe, ich komm nit zu spät.
Zum letzten Mal ich jetzt erklär,
Vater werden, des is schwer!
Wer's nit glaubt, is nit verrückt,
er soll's probiern, ich hoff, es glückt.

Helau!

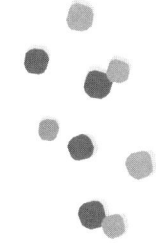

Ein gestresster Wachmann

Helau, ihr braucht nit zu erschrecke,
ich muss hier nur die Lage checke,
doch so viel Mensche hier im Haus,
des sieht mer sehr verdächtig aus.
Damit ihr's wisst, ganz ohne Krach,
die Firma „Schließen oder Wach",
hat mich heut Nacht für sehr viel Geld
zu eurem Schutz hier abgestellt,
denn lacht dein Nachbar noch so schee,
gieb lieber acht aufs Portemonnaie,
mer kann ja keinem Mensch traue,
noch nicht einmal de schönste Fraue.
Kaum streichelt dich die Kuschelhex,
„zack", hotse schon doi Euroschecks,
drum, dass nix fortkimmt unterm Tisch,
da wache Leute so wie ich,
man nennt mich auch durch mein Geschick
den Rächer mit dem Silberblick.

Moi Ausrüstung ist erste Sahne,
auf Anhieb kann es keiner ahne,
dass ich am Körper, der ja schlank,
bestückt bin wie e Waffeschrank.
Moi Kapp, die ist spezialbeschicht,
moi Kopp ist somit wasserdicht,
mein Dietrich öffnet jede Tür,
aach Doseworscht und Flaschebier,
e Lamp hab ich mit Uffblenddeckel
und ein Handy in moim Säckel.

Heit läuft ja jeder kleine Dandy
quer durch die Stadt mit einem Handy,
man mimt auf Supermanagement,
doch wenn mer dann den Simbel kennt,
frägt der im Anzug super lässe:
„Mutti, horch, was macht es Esse"?
Früher trug ich noch beim Schaffe
e Colt am Bauch als Abwehrwaffe.
Doch als mich mal in Bahnhofsnäh
so eine Dame vom Milieu
in einer dunklen Winternacht
so von der Seite angemacht,
hab ich vor Schreck, ganz ohne Bosse,
mir beinah in de Fuß geschosse.
Seitdem geh ich in de Rotlichtzone
zur Vorsicht lieber unten ohne.

Ich mach diskret und auch sehr still
Personenschutz oft in Zivil.
So muss ich dienstlich öfters ran
bei Type wie de Möllemann.
Auch wenn de Becker Uffschläg macht,
geb ich uff dem sein Schiesser acht.
Und schütz auch jedes Sangesmadel
im Moik seim Musikantenstadl,
des is mit diesem Heimatgockel
die Jodelsendung von de Zwockel.
Ich hab aach, ohne hier zu protze,
am Hiltoneingang schon gesotze,
un acht druff, dass bekannte Herrn
nicht unnötig belästigt wern.
Moi tür passiert nur, ohne Spot,
wern Name oder Pulver hot.

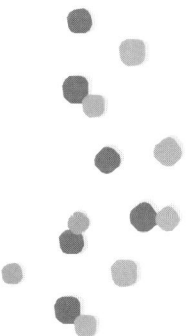

Doch gibts ach Promis – Himmelswille –
die kenn ich nur mit viel Promille.
Erst letzt hat Roland Kaiser wild
sein Kummer hier mit Schnaps gestillt.
Und kriecht vor mir auf alle vier
im Smoking einer durch die Tür,
dann wisse Wachleit wie ich gleich immer,
de Harald Juhnke geht aufs Zimmer.

Am meiste reg ich mich ja auf,
ist zweimal jährlich Schlussverkauf.
Ich bin da, dass es nit so fetzt,
als Wachpatrouille eingesetzt.
De meiste Schutz, den braucht ganz klar
de Haupteingang vom C & A.
Dort bilden an der Eingangspforte
sich morgens früh schon wilde Horte.
Skinheads oder solche Bande
sin gege die wie Ministrante.
Kaum fällt der Startschuss „Öffnungszeit",
ich mach das Tor auf, weit und breit,
schon wälzt mich platt, wie so ein Feger,
ein Rudel wilder Kopftuchträger.
Nach kurzer Zeit erheb ich mich,
kriech langsam Richtung Krabbeltisch,
da legt man mich schon wieder flach,
die deutsche Rentner sind jetzt wach.
Und wird einmal die Ware knapp,
zerrt man an meiner Hos und Kapp,
man zog die Schuh mir aus, ganz frech,
und reißt an meiner Unnerwäsch.
Sofort hat so e Fraa geschennt:
„De Rest von dem is Secondhand!"

„Die Unnerhos", sag ich, „kann soi,
jedoch der Knirps ist fast wie nei!"

Ich hab, auch wenn hier mancher grinst,
des öfteren Museumsdienst.
Da hab ich schon so manche Nacht
die Römerschiffe gut bewacht.
Der morsche Kram wär überzwerch
ein ganz berühmtes Holzgelerch.
Angeblich, sacht ja mein Kollege,
kost jeder Splitter ein Vermöge,
da würde sogar, könnt mer wette,
die Holzwürm italienisch redde.

Doch is mein Tag total verhunzt,
bewach ich „die moderne Kunst".
Bei manche Bilder, sach ich offe,
werst du vom Gucke vollgesoffe.
Letzt hat ein Künstler, ganz gewitzt,
e Leinwand voll mit Schlamm bespritzt.
Ich frag den gleich: „Was soll des soi?"
„Mein Werk ist künstlerisch ganz noi,
es heißt das Festival in Grau."
„Komm", sach ich do, „mach nit die Schau.
Die Rückwand von meim Nachbarhaus
sieht frisch verputzt genauso aus."

Ich hab auch schon bei Tag und Nacht
als Parkhausaufsicht Dienst gemacht.
Da gibt es täglich ja so Helde,
die ihrn Karrn gestohle melde,
und merke erst nach Stunde blind,
dass sie im falsche Parkdeck sind.

Letzt hab ich so ein Typ gefasst,
der alle Autos abgetast,
der war so voll wie so ein Fass,
ich sach zu dem: „Was soll denn das?
In diesem Zustand voller Brie,
da findest du dein Auto nie."
„Doch", sacht der da in seinem Suff,
„bei mir ist Blaulicht obbe druff."
Auch wird im Parkhaus oft die Sitte
von vielen sehr oft überschritte,
wenn manches Paar im Liebesrausche
im Auto mehr als Küsse tausche.
Doch zur Kontrolle, raffiniert,
sind Kameras fest installiert.
Und so sin mir auf Parkdeck drei,
am Bildschirm immer live dabei
und sehen ohne Werbepause,
wie gern die Leit im Auto – sitze!!

Ich muss aach oft zu Wahlkampfzeite
Politiker zum Schutz begleite.
Zum Beispiel braucht die FDP
von unsre Wachleit Stücker zeh,
des is bei dene ganz normal,
sonst wärn ja gar koo Leit im Saal.
Jedoch es Schlimmste, des weiß jeder,
ist Bodygard vom Kanzler Schröder
Beim Kohl da kam ich schwer ins Schwitze,
ich musst die Leut vorm Helmut schütze,
denn wenn der Kohl es eilig hatt',
wälzt' er die eigne Wähler platt.
De Norbert Blüm, mer muss sich schäme,
macht' mir doch jedes Mal Probleme.

Der gab beim Wahlkampf zu verstehe,
man tät ihn ständig übersehe,
drum hab ich den, ganz ohne Frage,
uff Schultern in de Saal getrage.
Do sät doch so e Oma schrill:
„Was hot de Kloo e goldisch Brill.
Ei, gibst du uff de Papa acht,
dass der oi ja sei Kreizje macht?"
„Nein", sach ich do im harte Ton,
„vom Schröder will der 'en Luftballon."

Ich hab auch, des ist bei uns nei,
sogar de Wachhundführerschoi.
Denn bei Patrouille mit dem Tier
hat jeder gleich Respekt vor dir.
Nur letzt gab mein Kollege Peter
mir statt so einem scharfe Köter,
weil sonst nix mehr im Zwinger war,
die Dackelldame Erika.
Die wirkt mit ihre dreißig Pfund
wie e tiefgelegte Schäferhund.
Den Dackel muss samt Fell und Kralle,
ich nachts stets in Bewegung halle,
denn steh ich still, is mir des doofe
Weibsstück immer oigeschloffe.
Als Wachhund is die echt e Spott,
die bellt nur, wann se Hunger hot,
und ist auch sonst ein faules Aas.
Die Frau, die sie zuerst besaß,
hat viele Jahre, wie mer's kennt,
in Meenz ein Etablissement.
Ihr glaubt ja nicht, des sach ich hier,
was färbt das ab auf so ein Tier;

denn kaum lässt sich ein Köter blicke,
legt sich der Dackel uff de Rücke.

Mein Dienst ist leider noch nit aus,
drum geh ich weiter hier durchs Haus,
zähl Garderobe, Mäntel, Jacke,
bewach die Autos, die drauß parke.
Krieh widder, wie seit vierzehn Woche,
vom Präsident e Flasch versproche,
die ich ja gerne trinke tät,
bevor der hier in Rente geht.
Wer mich braucht, kann sich gleich melde,
mir Wachleit sind die reinste Helde.
Macht's gut, ihr Leit, adschee.

Helau!

Ein fixer Verbraucher

Ich krieh als moi Zeitung un denk, ich hab Glick heit.
Was is doch moi Zeitung mol widder so dick heit.
Und wie ich se ufschlag', ein Blick, ein verschreckte,
do is doch moi Zeitung ganz voll mit Prospekte.
Un zwar so e Stapel, e richtig dick Knerzje,
un von moiner Zeitung bleibt nur e dünn Ferzje.
Grad vier derre Blätter, mehr gibt se nit her;
de Penny, de Hertie, der Aldi schreibt mehr.

Es gibt jo schun längst, un ihr wisst jo Bescheid,
Joghurt un Käs, un der Käs, der is light.
Seit neistem, do werd als fer Bier inseriert,
Bier, des wo light is – das Bier ist kastriert.
Für ein ganzes Pund Worscht kriehst du ungeloge,
im Fall, dass se light is, ein halbes gewoge!
Zum Abnehme wärs, un jetzt kimmt der Clou,
je mehr, dass ich esse, je mehr nehm ich zu.
Drum will ich kah light mehr, do krieh ich de Schlickse,
des is vakuumverpackte Beschiss in de Bixe!
Wer abnehme will, der soll doch stattdesse,
weil's preiswerter is, halt gar nix mehr esse.
Verkaaft doch viel besser – un ganz ohne Tricks –
nur vakuumverpackte Bixe mit nix.
Kuharsch in Dose werd dann aufgetischt,
doch die Dos is ganz leer, weil du 's Loch grad erwischt.

Moi Fraa kääft als Sache, ich steh uffem Schlauch,
die bei uns in der Tat kään Deibel mehr brauch'.
Unser Kinner sin groß, un die hot, Leute horcht,
nur, weil se billig warn, Windeln besorcht.

„Jetzt misse mehr halt", sprach sie, „geb der Mühe,
damit sich 's rentiert, noch mal Nachwuchs
bald kriehe!"
Drei Jahr lang ham mir, ihr könnt's kaum ermesse,
geduldig uf 12 Kaste Pampers gesesse.
Drum schenkt sie se her, nach Zeit so ganz langer,
do isses passiert, un bums war se schwanger!
Da ham mir zwei Dolle, mit Pech jetzt gedaaft,
zum Wucherpreis kisteweis Windel gekaaft!
Do sprach unsern Doktor: „Es is ein Malheur,
Ihr Frau ist nicht schwanger, ein Bumbes hängt quer!"

Gebraucht hab ich neilich, jetzt bin ich gestraft,
per Zeitung e Wäschmaschin günstig gekaaft.
Un dann noch die Anschlüss, das klappt wie geschmiert,
persönlich daheim in der Wohnung montiert.
Weil Möbel sehr knapp sin, un weil ich es gern seh,
uf de Wäschmaschin drobbe, do steht unsern Fernseh.
Die Schnur der Antenne, stellt euch emol vor,
lääft direkt vom Fernseh ins Abwasserrohr.
Jetzt guckt aus der Trommel, das glaubt ihr mir kaum,
der Juhnjke und hat doch das Maul voller Schaum.
„Jawohl", sägt moi Fraasche, „geschieht ihm ganz recht,
der säuft wie e Loch und jetzt iss es ihm schlecht!"
Doch moin Jüngste, den hör' ich von hinne meutern:
„Wenn der jetzt nicht das Maul hält, dann stell' ich auf
Schleudern!"

Was mich echt als ufregt, ihr könnt mich voll Prass seh,
wenn we'm Mehl ich in de Schlang an der Kass steh.
Un vor mir e Gluck, die quetscht sich zurick,
der hinner mir mault, die Gluck wär zu dick.
Der ääns weiter vorn, der brüllt wie e Stoffel:
„Fraa, glei sin mer droo, schnell bring die Kartoffel!"

Ich hab jo nur Mehl, do muss mer uf Draht soi,
der hinner mir schiebt mer soin Kaarn in die Wad noi.
Zu langsam geht's vorwärts, do krieh ich e Zorn,
ein Beutel Kartoffel knallt mir on de Knorn.
E Fraasche hot Äppelbrei falle gelosse,
ich guck, un do sin mir die Sprosse gschosse!
Un dann isses dunkel, der Strom, der fällt aus!
Im Nu renne alle zum Lade enaus,
mit ganz volle Wage enaus uf die Gass,
un ich Depp steh mi'm Mehl allä an der Kass!

Einmal im Monat zum Flohmarkt hie laaf ich,
ich handel wie err un Gebrauchtes dort kaaf ich.
Dort e Rheumadeck find ich, das is nicht geprahlt,
20 Mark wollt der ham, ich hab 30 bezahlt.
Den Kerl hab ich drokrieht, der hat's nit bedappt,
ich hab überhaupt gar kää Rheuma gehabt.
„Die Deck is voll Flöh!" rief moi Fraa, „tu se weg do!"
Unsern Dackel, der schnuppert un bellt als die Deck o!
Überall juckt's mich, do müsst ihr verstehe,
uf der Deck ham schon Dutzende Köter gelehe.
Ich schenk se em Opa, der sagt ohne Mucke,
ihn tät in der Tat schun lang nix mehr jucke.
Jetzt juckt em es Fell, lääft uf alle Vier,
er strotzt voller Kraft un bellt an der Tür.
Dann frägt er die Oma, wann's wider so weit wär,
er macht vor ihr Männche, es längst höchste Zeit wär.
Jetzt will unser Oma, der fehlt doch e Zappe,
unbedingt auch so e Rheumadeck habbe.

Ich hab im August, als kään Trubel sich regt,
beim Förster im Wald schun moin Christbaum gesägt.
Drei Mark fer de Meter, der Baum ein Gedicht,
e Edeltann blau, so e Haselnussficht!

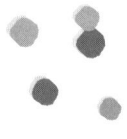

Un am Heiligen Abend, da stand – könnst verrecke –
der Baum in der Stub un war derr wie e Stecke.
Moi Fraa hot geschennt, un der Hund hat miaut,
da hab ich beim Nachbar ein Christbaum geklaut;
doch statt Christbaum hab ich, das könnt ihr grad wisse,
soi Wäschspinn halt aus em Bodem gerisse.
Elektrisch beleuchtet, ein Kabel liegt blank,
steht das Ding unner Strom am Wohnzimmerschrank!
Als unser Dackel sein Beinche nur einmal korz winkelt,
un nur mal versuchsweis die „Spinne" bepinkelt,
do zischt's in soi Schwänzje, ein Korze, was Schläg,
der geht seit der Zeit alle Bääm aus em Weg.
Wenns „Örtche" besetzt is, dann is er sehr froh,
dann hockt stets der Köter bei uns uffem Klo!

Ins Angebot kimmt, wenn der Sommer als naht,
im Garte do schießt er, der Holland-Salat.
Pro Köpsche Salat, und das müsst ihr erfahrn,
da kann mer bisweile 10 Pfennig schun sparn!
Ich kaafe 5 Steige, weil ich jo nit depp bin,
in jeder der Steige warn 12 ganze Köpp drin.
Tagelang ham mer, ihr könnt's kaum ermesse,
wie die Karnickel Salatköpp gefresse.
Zum Schluss ham mer schließlich, das ist nicht gekohlt,
die Karnickel vom Garte zum Fresse geholt.
„Ach Frauchen, ich glaub", sag ich ohne Faxe,
„dass mir aus de Ohrn Salatblätter wachse!"
„Das wär ja prima", rieft sie ganz benomme,
„'s werd Zeit, dass die Gurke ins Angebot komme!"

Vorbei iss für mich als Kunde die Hetz
demnächst dank dem neije Ladegesetz.
Das Beste doch wär, so denk ich ohne Clou,
ihr macht eijer Läde halt gar nit mehr zu.

Ich stell mir schun vor, dank Gesetz dem vertrackte,
dem Metzjer soi Fraasche, die schnarcht im Gehackte.
Ich wecke se uf un sag zu der Schachtel:
„Ich hätt gern e Vertel vom lauwarme Achtel!"
Beim Schuster, do krieh ich, das iss nicht gekohlt,
nachts um halb 11 noch die Schlappe besohlt.
Beim Bäcker, do kääft mer, weshalb die Leit platt sin,
anschließend Brötscher, die von morschens
                              schun hart sin.

Doch brauchst du e Doktor, Pech haste bitte,
der krieht beim Frisör die Haar grad geschnitte.
Moi Autowerkstatt, die kann unnerdesse
mir nachts um halb 12 noch den Reifendruck messe.
Ich spring in moi Auto und eile hierher,
für euch „uff em Damm soi" des fällt mir nit schwer,
und grüß als „Verbraucher" von oberster Sprosse
euch alle im Sall als moi Leidensgenosse!

Ein Altstadtfriseur

Helau, ich grüße all moi Kunde,
die Rotblondierte und die Bunte,
wer in Meenz was uff sich hält, *Bechhofe*
hat sich bei mir schon angemeld.
Denn ich hab kürzlich über Nacht,
ein Hairstylestudio uffgemacht,
mit Leuchtreklame „Silberlocke",
ich hab als dreißig Leit do hocke,
da wird oft im Akkord toupiert,
gelockt, geschnitte, oigeschmiert.
Ich kämm die kahlste Herrenglatze,
ich stutz die größte Haarmatratze.
Moi Schere zuckt als kreiz un quer,
da kennt sich mancher selbst net mehr,
und sacht sich, nach dem Schnitt vom Fach,
vorm Spiegel selber Guten Tach.

Moin Lade in de Altstadt hinne,
der ist von jedem leicht zu finne.
Kirch ~~Am Rom~~ korz vor de Sackgass schräg
ist vis-à-vis der Diskothek
das Kirchenstift „Zum letzte Ritter"
und rechts davon sin Absperrgitter.
An dene, wenn mer links rum geht,
vor einer Hinweistafel steht,
mit schwarzer Aufschrift kurz und trocke:
Achtung „Meister Silberlocke".
Ein Haus noch aus der Gründerzeit,
ganz vorne wohne Doktorsleit

und unnern Dach am annern End
da ist ein Etablissement.
Do kriehst du von ner Domina
für deier Geld de Frack verhaa.
Nit, dass ich do was sage tät,
nur liegt der Eingang halt so bleed,
da hab ich sofort im Visier:
Wer geht enuff? Wer kommt zu mir?
Siehst du ein Kerl, der schon verschmitzt
ganz heimlich um die Ecke flitzt,
da weiß ich, der krieht unbestritte
alles – nur koo Haar geschnitte.

Friseure, wärs noch nit gewusst,
sind immer schon sehr pflichtbewusst.
In grauer Vorzeit, ungeloge,
hat mancher von uns Zäh gezoge.
Mir wusste alles in der Stadt,
wer fremd geht un wer Huste hat,
un auch die neuste Neuigkeit,
de hatte man stets griffbereit.
Heit sin die Leit ja so verschlosse,
rennst du mal jemand ohne Bosse
die Scheer ins Fleisch korz überm Krage,
der würd noch nicht mal Aua sage.
Ich mach auch für die modisch Fresche
oft fachgerechts Ohrringsteche.
Das liegt im Trend und sieht man gern,
bei junge Mädcher und bei Herrn.
Es schlimmste aber, ach Gewitter,
sind die verrückte junge Mütter,
die wünsche sich im Eifer blind,
schon Ohrring für das kleinste Kind.

Ach Schatzilein, die Mutti spricht,
ein kleiner Stich, das merkst du nicht,
doch zack, schreit Mamas Liebling wild,
den sie vor kurzem noch gestillt,
die Pampers stinke wie net klor,
doch Hauptsach ist, e Ring im Ohr.

Moi Schaufenster mit viel Reklame
verweist auf jeden Markename.
Deos hab ich, Marke Lux,
riecht nach Wald und nasse Fuchs.
Haarlack gibts in Einwegspritze,
weil mir das Ozonloch schütze.
Doch mein größte Kassefeger,
ist Haftcreme für die Azelträger.
Und After Shave zur Duftattacke,
Dreiliter-Flasch für alle Backe.
Muss eine Kundin länger warte,
sitzt die bei uns im Wintergarte.
und liest in bunte Bildberichte,
so manche heiß' Skandalgeschichte.
Wenn du e Mann da sitze host,
der pfeift der auf die „Neue Post"!
Aufs gelbe Blatt und die „Praline",
der blättert gern nach nackte Biene.
Letzt unser Nachbar, dieser Fromme,
hat sich e Zeitschrift vorgenomme
und scheent, es wär doch unestätig,
kein Mensch hätt' so ein Sexblatt nötig.
Dabei, wenn der soin Haarschnitt hot,
ist jedes Mal de „Playboy" fort.

Ich steh auch lang schon auf der Liste
der fachgeprüfte Visagiste.

Ich hatt' bei einer Farbeschwester,
e Lehrgang von fast fünf Semester,
un war von dreißig Kerl und Weiber
de Beste, von de Sitzebleiber.
Wer mich schon einmal angeheuert,
fühlt sich danach wie runderneuert,
denn ich behandel jed Gesicht
mit einer dicken Spachtelschicht
un lass beim Schminke mir viel Zeit,
nehm je nach Teind und Faltigkeit,
meist wetterfest Fassadefarb,
da geht der Krempel ach net ab.
Letzt kam e ~~Meenzer~~ Faschingsstar,
er braucht e Inschrift in soim Haar,
denn modisch wärs de letzte Schrei,
ich hab gesagt, des ham mer glei,
greif sofort zur Elektroscheer,
fahr zweimal rauf und dreimal quer,
und wo einst ihm wuchs ein roter Schopf,
steht quer auf kahlem Hinterkopf,
abgesetzt zur Scheitelgrenz:
„Ein Fastnachtsstar grüßt seine Fans!"

Suchst du dir heit mol Personal,
da haste Kummer, Last und Qual.
Ich will euch werklich net belüge,
mer kann ja fast ko Deutsche kriege,
die wolle mit der Leidenstour
im erste Lehrjahr schon in Kur.
Drum hab ich für mein gutes Geld
auf Europäer umgestellt.
Getreu dem Motto, was bekannt,
mein Freund ist von em annern Land.
Heut kämmt bei mir geschickt, adrett,

französisch schnell, Madam Anett.
Die Franzi aus der Steiermark
macht Shampoo nur aus Kräuterquark,
und zum Rasieren wurd' mir ein Pole
vom Schlachthof Warschau sehr empfohle.
Doch hier in ~~Meenz~~ [Bechhofen] der größte Hit,
den schnellste deutsche Messerschnitt
macht Azül Iglü, ein Genie
vom Kebab Ali vis-à-vis.
Der hot in Izmir noch vor Johrn
pro Stunde fünfzehn Schaf geschorn.

Letzt hatt' ich mal e Aushilfskraft,
das Weib hat mich ja echt geschafft
Zwar könnt sie Dauerwelle nit,
doch mit dem Messer sei sie fit.
Ich hab des an em Freund probiert,
die hat sein Nacke ausrasiert,
da hat die Klinge sich geboge,
als hätt' se Hase abgezoge.
Die hat e Brill, mit solche Gläser,
moin arme Freund wurd als nervöser.
Ich sach, ko Angst, mach dir nix draus,
wenn die dich schneit, dann fliegt se raus.
Doch als das Handtuch sich verfärbt,
die Haut bedenklich dünn gegerbt,
hab ich die Tante, ungeloge,
spontan aus dem Verkehr gezoge.
Gab der sofort ihr restlich Geld,
un hab e Zeugnis ausgestellt,
mit Stempel und von mir gezeichnet,
für zarte Haut nicht ganz geeignet.
Heut schafft se mit dem selbe Wisch
bei Nordsee ~~Meenz~~ [Lokal] und putzt die Fisch.

Ich glab, es wird jetzt langsam Zeit
ich muss in moi Geschäft ihr Leit,
weil gerade jetzt an Fassenacht
hat sich viel Kundschaft angesacht.
Moin Präsident krieht ungehemmt
de Frohsinn ins Gesicht gekämmt.
Un erst soi Frau, das beste Stück,
die braucht e vierfarbbunt Perück.
Obwohl, wenn die mal Stimmung mache,
meistens drei Tag später lache.
Ich denk mir nur, macht was ihr wollt,
die Hauptsach ist, de Rubel rollt.
Drum bringt mir weiter euer Flocke,
es grüßt euch Meister Silberlocke.

Helau!

Vadders midlife-crisis

Oh, lasset uns die Väter preisen!
sollt eigentlich mein Motto heißen.
Doch frag ich Sie: Wo – bitte sehr –
kriegt man noch solche Väter her?
Wo sind die wilden Stürmer, Dränger
und einstmals zorn'gen jungen Männer,
die in den späten sechziger Jahrn
die reinsten Revoluzzer warn?
Des sind heut alles Oppis, Pappis,
Softies, Grufties oder Schlappis,
die gleichen Männer, die vor allem
statt „love and peace" nur eins noch lallen:
Mama – sag wann bringst de mir
moi Schlappe und moi Flasche Bier?

Der meine, der ist sozusagen
im Augenblick kaum zu ertragen;
denn der durchlebt – die Mama weiß es –
gerade seine midlife-crisis.
Das heißt konkret: Mein Obermuffti
entwickelt sich zum Spitzengrufti.

Die mitlife-crisis kommt etwa
bei Männern um die vierzig, fünfzig Jahr,
wenn sie aus Angst, was zu versäumen,
zwar von zwei Zwanzigjährigen träumen,
obwohl genau die gleichen Herrn
mit ääner schon kaum fertig wer'n.
Und wenn dann noch ein Vater spürt,
dass sein Sohn erwachsen wird,

dann ist für ihn ganz klar bewiese:
Jetzt is se da, die midlife-Krise!
Ich guck mich nach de Mädcher um,
und er, er schluckt des Valium.

Jüngst hört ich ihn vor ein paar Tagen
per Zufall meine Mutter fragen:
Eines beunruhige ihn sehr,
ob ich denn aufgeklärt schon wär.
Wenn nit, wird's Zeit, dass du das machst
un ihm die ganze Wahrheit sagst,
denn schließlich ist es Mutterpflicht,
wir Männer könne des Halt nicht.

Nach mütterlicher Schweigezeit
jungfräulicher Verlegenheit,
rang er sich selber durch sodann
zu 'nem Gespräch von Mann zu Mann.

Blass im Gesicht und ernster Miene
ging's los mit der berühmten Biene,
die in der Frühlingszeit sich jetzt
auf die berühmte Blume setzt;
wenn dann durch Feld und Wald ein Doppelt –
ein Hase mit 'ner Häsin hoppelt,
ja, dann kommt Leben in den Zoo.
Die Menschen hoppeln ebenso;
dann tut sich was in diesem Lande.
Jetzt bist de uffgeklärt – verstande!
Eins aber sag ich dir noch: Du,
du bist noch viel zu jung dezu!

Typisch für die Krisenzeit
ist Väterchens Vergesslichkeit.

Das beginnt – man kann`s erahnen –
mit der Vergesslichkeit von Namen:
Mama, fragt er, kenn ich den,
wo ham 'mer den schon mal gesehen?
Und wenn er dann, des is kee Stuss,
nit anners kann und grüßen muss,
dan macht er das mit einem Trick:
Ei, Tag Herr Müller. Der zurück:
Das muss eine Verwechslung sein,
ich bin doch ihr Kollege Klein.
Ach ja natürlich, Herr Kollege,
Sie ham mer uff de Zung' gelege.
Es wollt halt nur net gleich eraus.
Tja, wenn mer alt werd, setzt's halt aus.
Des is wie neulich in de Stadt,
er glaubt', er stellt sei Auto ab
un hat's nach Tage erst und Stunde
daheim in der Garage gefunde.
Sie wisse ja, des is der schnelle
Altersschwund der graue Zelle!

Soweit ich mich erinnern kann,
da fing es wohl auch damit an,
als ihn – wie aus heitrem Himmel –
einst überkam der Müsli-Fimmel.
Wir lebten alle nicht gesund,
wär'n viel zu fett, die Bäuch zu rund.
Hinweg mit all den Sahnetörtcher,
Rostbrate und Kottletcher,
weg mit allem, was gut schmeckt,
bei uns wurde abgespeckt.

Nach 14 Tagen Körnerfutter
nebst Schlankheitskur für Kind und Mutter

hatten wir stark abgenommen,
doch er ein Speckbäuchlein bekommen,
so, als ob er ungefähr
im siebten Monat schwanger wär,
bis ich ihn einmal überraschte,
als er des Nachts am Kühlschrank naschte.
Heimlich sitzt er im Café,
heimlich nascht er Praliné,
bis von seinem Anzug – ohne Witze –
nur noch de Sockehalter sitze.

Von Kopf bis Fuß, bis zu de Zehchen,
hat unser Vater sei Wehwehchen.
Mal ist's de Mage, mal de Rücke,
mal des Herz un mal des Bücke.
Mojns guckt er, eh er sich erhebt,
ob er überhaupt noch lebt.
Und hat unser Sensibelche
wirklich mal ke Übelche,
glaubt er bei seinem Krankheitsfimmel,
er wäre tot und schon im Himmel.

Drum scheint ihn eines nur zu freue,
e Apothek voll Arzeneie.
Tablette, Pille, teure Säfte
zur Steigerung gewisser Kräfte,
was für's Blut, die Verdauung,
was für die psychische Erbauung,
dazu noch ein Geheimextrakt,
der Magen und den Darm entschlackt,
damit Papa, der gute Mann,
vor allem schärfer schießen kann.
Bei jedem Arzt ist unbestritten
mein Herr Papa drum wohlgelitten.

Bis weithin in den letzten Weiler,
da hat ihn jeder Geisterheiler
und Quacksalber ganz fest am Wickel
als zahlendes Versuchskarnickel.

Der ää verschreibt e Körnerkur,
der zweite macht Akupunktur,
der dritte probt den Psychotrip,
der vierte nimmt ihn uff de Schipp.
Und obwohl käa Diagnose
je uff 'en Krankheitsgrund gestoße',
stoßen die sich bis zur Stund
an seiner „Krankheit" kerngesund,

An jedem Wochenend', ich wett,
liegt unsern Schlaffi schlapp im Bett.
Dann gehn mer all, des sind käa Witze,
im Flüsterton uff Zehespitze,
dann ist es mäuschenstill im Haus,
die midlife-Krise schläft sich aus.

Nach, drei, vier Stunde hört mer'n klopfe:
Mama, wo bleibe meine Tropfe?
Die ganze Zeit schon lieg ich hier,
und kää Deiwel guckt nach mir!
Allein und todkrank lieg ich hier da.
Kommt dieser Satz, ruft's laut: Hurra,
gemeinsam wie aus einem Mund.
Hurra! Er schennt, er ist gesund!

Trotzdem geht mit Begeisterung
er fast uff jed' Beerdigung
und stellt sich, wie net mehr ganz klor,
sein eigenes Begräbnis vor.

Er gäb was drum, wenn er nur wüsst,
wer kimmt, wer redd, am Flenne is,
und meistens ärgert er sich dann,
dass er des net erlebe kann.
Neulich , vor kaum 14 Tag,
schockt er uns mit 'em Kaufvertrag
von einer würd'gen Ruhestätte,
die er ausgesucht sich hätte.
Ein Grab mit Blick auf Rhein und Reben,
fast noch schöner als im Leben.
Ei, wenn er 's könnt, da tät mei Alter
aach noch soi eigne Grabred halte.

Jeder Wissenschaftler weiß es,
dass des Mannes midlife-crises,
die um die vierzig kommt gewiss,
mit fuffzig meist zu Ende is.
Mein Vadder geht uff fufzig zu,
drum ham mer – Gott sei Dank – bald Ruh.
Die Ruhe vor dem Sturm, denn dann
fängt sein zweiter Frühling an.
Und damit ist für mich bewiese:
Der Mann werd alt, trotz midlife-Krise.
Ich mag ihn trotzdem, ohne Witze,
denn: unsern Vadder, der is Spitze!

Ein Mann mit ohne Haar

Helau – ihr Haarige un Plattköpp!
Man braucht sich werklich nit zu schäme,
ein jeder Mensch hot soi Probleme.
Dem ääne is zu fett die Worscht,
der anner hot e Riese-Dorscht,
der nächste hot vielleicht kää Geld,
weil dem die Arbeit nit gefällt.
Nun gibt es Leute, des is wahr,
die Sorgen haben um ihr Haar.

Was hab ich alles schon probiert!
Ein Vermöge uff die Birn geschmiert!
Man liest so oft und überall,
es gäb was gege Haarausfall.
Der ääne määnt es käm vom Suff,
de Doktor sagt: „Mach Rotlicht druff!"
Des war geloge jedes Wort,
die Glatz is do, moi Geld is fort.

Nahm's beste Shampoo für zum Wasche;
dehääm stehn noch die leere Flasche.
Bin zu de Drogerie gerennt,
wie Feier hot moin Deets gebrennt.
Als ich des Etikett gelese,
war's Gift for Hinkelsläus' gewese.

Ich lieb' Tamtam und den Rabatz,
doch Schwierigkeite macht die Glatz.
Gehst du zum Tanz, du werst meschocke,
hawwe die nur Chance, die mit Locke.

Im Winter, wenn der Schnee dann fällt,
kriegst du de Pips, bist gleich erkält'.
Kremst du im Sommer nicht die Stirn,
hast du gleich Blose uff de Birn'.

Beim Haarschneiden mir nit gefällt,
dass ich bezahl desselbe Geld
für die paar Häärcher uff de Seite;
er braucht doch nur die Hälft' zu schneide!
Und außerdem, des is e Hohn,
verlange die noch Finderlohn;
ob ihr es glaubet odder nit,
host du e Platt, machst du was mit!

Stehst du vorm Spiegel mojns, sehr eitel,
versuchst zu kämme dir e Scheitel,
und schwieriger werd's jeden Tag.
Das ist ein Drama ohne Frag',
do arbeit' mer mit jedem Trick,
e paar nach vorn, e paar ins Genick!
Ihr wärt all' platt, wie ich des mach:
wie'n Bietel mit em Schiebedach!

Mein Freund sagt zu mir: „Was e Bluff!
Spar Geld un setz e Dupée uff".
Des würd verjünge und mir steh;
so viele hätte falsche Zäh',
verliert mer die un find' se nimmer,
konn mer nit beiße, des is schlimmer.

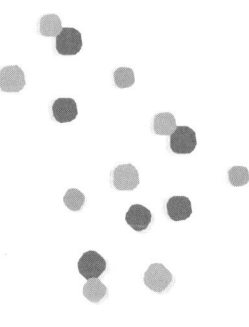

Ich hab mich kurzerhand entschlosse
und mir in Blond ääns schicke losse.
Ich setzt' es uff un habs probiert,
bin gleich mit uff die Gass' marschiert

un stolpert' an der erste Eck'.
Do lag die Schönheit schun im Dreck;
ich kloppt' es zweimal übers Knie
und hockt' es owwe widder hie.

Letzt tanzte ich mit einer Holde,
do kam ihr Scheich, der das nit wollte,
voll Eifersucht und gar nit zart,
stößt der mir plötzlich vor de Bart;
und nun gebt acht, was noch geschah:
Er griff voll Wut nach moine Haar,
hat wie e Sioux mich skalpiert,
vorm ganze Saal war ich blamiert.
So e Ding kimmt nit mehr uff moin Kopp,
die best Verwendung wär als Mop.
Ich hab genug, verlosst eich druff,
nie mehr setz ich e Dupée uff.

Wer'n Plattkopp hot, der braucht kään Kamm,
er nimmt e Lappe oder 'n Schwamm,
und ärgert sich des ganze Jahr,
weil uff soim Schwelles wächst kää Haar.
Erfindungen, die bringen Geld,
ich habs patentlich angemeld't,
ein Haarwuchsmittel ausgedacht,
jetzt horcht mol zu und gebt gut acht:

Des Abends in dem Kämmerlein,
reib fest mit Salz die Glatze ein,
stell nebers Bett, die ganze Nacht,
ein Glas mit Wein in goldner Pracht.
Jed Häärche, des nur kleiner Flaus,
kimmt durstig aus'em Kopp eraus

und will dann zu dem kühlen Nass,
so kriegt man Haare, uff Verlass!

Jetzt guckt ihr alle ganz verdutzt,
warum bei mir des nix genutzt.
Doch des Rezept hat seinen Haken:
Soll ich aus Eitelkeit mich plagen
und Dorscht aushalte, welch ein Graus?
Den Woi, den trink ich selber aus!

Drum Plattköpp, macht euch gar nix draus,
wie dunkel wärs doch hier im Haus,
wärn mir nit hier, stellt eich des vor,
und nehmt des alles mit Humor.

Lasst eiern Berzel ganz in Ruh,
trinkt eier Schoppe ab und zu
und tragt die Glatz mit Stolz un Freid,
denn Plattköpp, des sin' lust'ge Leit!

Närrische Sprüch'

Liebeskummer

Der Regenwurm Heinz-Fridolin
kroch zu seiner Liebsten hin.
Und sprach ganz zart und sanft zu ihr:
„Heute möcht ich Klarheit hier von Dir!
Wenn du mir nicht dein Jawort gibst,
dass du mich unbändig liebst,
dann glaube mir, das werd ich tun,
schmeiß ich mich vor das nächste Huhn!"

Aus der Geschichte

Augustus bekam Depressionen,
als die Cimbern und Teutonen
in einem Walde die Legionen
des Varus wollten gar nicht schonen.
Doch das muss ich betonen:
Weil Cimbern und Teutonen
dort in dem Walde wohnen,
hatten sie bei dem Gekeil
einen echten Heimvorteil!

Nützt trotzdem

Mancher auf die Waage blickt,
sieht sein Gewicht
und erschrickt!
„Auch du liebe Zeit", denkt er,
„so geht das nicht!
Ich bin zu schwer!"

Zählt Kalorien rauf und runter,
addiert die Zahlen
frisch und munter.
Verliert kein Pfund, doch merkt er dann
als Lohn der Qualen,
das er jetzt besser rechnen kann.

Geschwindigkeit

Den Dieter stoppt die Polizei:
„Was rasen Sie so schnell vorbei?
Sie fuhrn mit mehr als 50 hier,
dafür zahln Sie jetzt Strafe mir!"
„Herr Kommissar", der Dieter spricht,
„das glauben Sie doch selber nicht!
Keine 40 waren das,
ich glaube bald, Sie machen Spaß!
Höchstens 30 sind's gewesen,
und wenn ich 's richtig abgelesen,
waren es, als ich Sie sah,
kaum noch 20 km/h!"
„Noch ein Wort", so herrschte dann
der Polizist den Dieter an,
„und Sie zahlen 100 Mark,
weil Sie gerade falsch geparkt!"

Wolle mer se reilasse?

Hrsg. D. Kunschmann,
80 S., kartoniert
ISBN: 3-635-60675-8
DM 9,90

Hrsg. D. Kunschmann,
80 S., kartoniert
ISBN: 3-635-60676-6
DM 9,90

Hrsg. D. Kunschmann,
80 S., kartoniert
ISBN: 3-635-60677-4
DM 9,90

Hrsg. D. Kunschmann,
80 S., kartoniert
ISBN: 3-635-60678-2
DM 9,90

Hrsg. D. Kunschmann,
80 S., kartoniert
ISBN: 3-635-60679-0
DM 9,90

Hrsg. D. Kunschmann,
80 S., kartoniert
ISBN: 3-635-60680-4
DM 9,90